yukismart.com/b/604986
AF364403
1
2

bambina

дівчинка

divchynka

bambino

хлопчик

khlopchyk

mamma

мама

mama

papà

тато

tato

giovane

молодий

molodyi

vecchio

старий

staryi

bambino

дитина

dytyna

adulto

дорослий

doroslyi

accettare

приймати

pryimaty

rifiutare

відмовлятися

vidmovliatysia

sì

так

tak

no

ні

ni

sorridere

посміхатися

posmikhatysia

piangere

плакати

plakaty

felice

щасливий

shchaslyvyi

triste

сумний

sumnyi

solo

один

odyn

insieme

разом

razom

rumore

шум

shum

silenzio

тиша

tysha

caldo

гарячий

hariachyi

freddo

холодний

kholodnyi

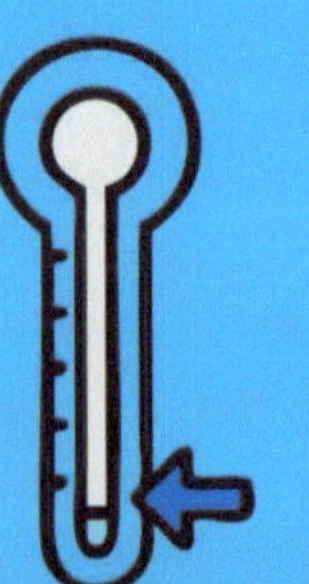

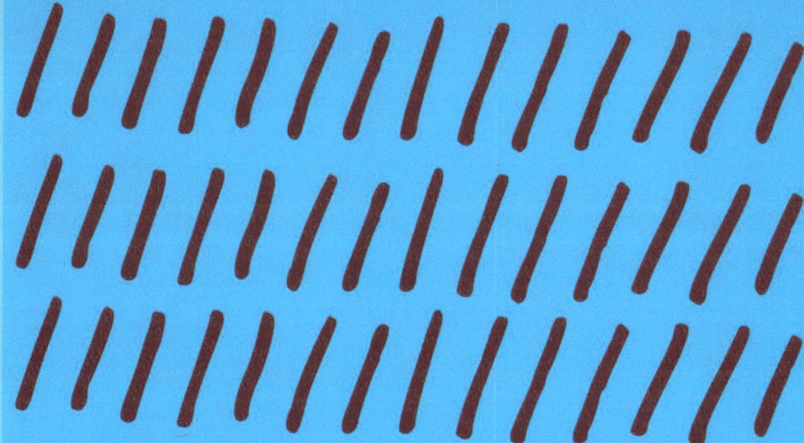

poco

трохи

trokhy

tanto

багато

bahato

solido

твердий

tverdyi

liquido

рідкий

ridkyi

corto

короткий

korotkyi

lungo

довгий

dovhyi

lento

повільний

povilnyi

veloce

швидкий

shvydkyi

minuscolo
крихітний
krykhitnyi

piccolo
маленький
malenkyi

grande
великий
velykyi

enorme
великий
velykyi

dentro

всередині

vseredyni

fuori

поза

poza

gonfio

надутий

nadutyi

sgonfio

здутий

zdutyi

sopra

на

na

sotto

під

pid

sporco

брудний

brudnyi

pulito

чистий

chystyi

identico

однаковий

odnakovyi

diverso

відмінний

vidminnyi

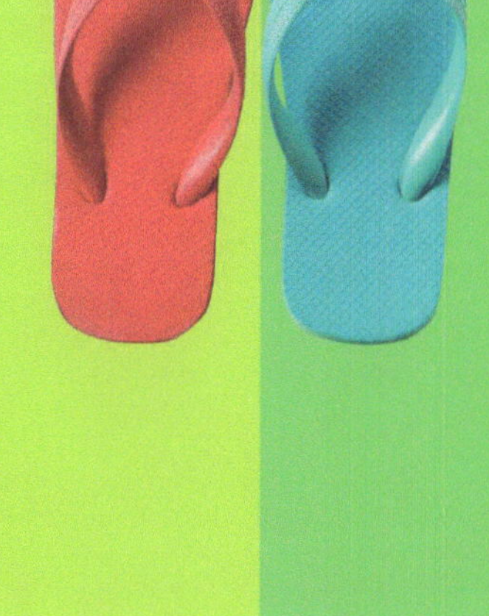

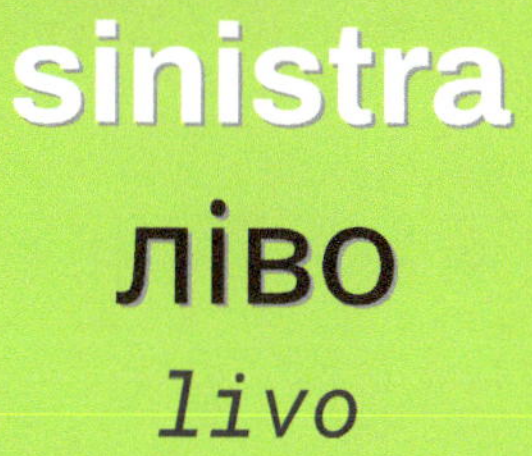

sinistra

ліво

livo

destra

право

pravo

$1 + 1 = 5$

sbagliato

невірно

nevirno

$1 + 1 = 2$

corretto

правильний

pravylnyi

sottile

тонкий

tonkyi

spesso

товстий

tovstyi

facile

легкий

lehkyi

difficile

важко

vazhko

chiudere

закритий

zakrytyi

aprire

відкритий

vidkrytyi

alto

високий

vysokyi

basso

низький

nyzkyi

sano

здоровий

zdorovyi

malato

хворий

khvoryi

giorno

день

den

notte

ніч

nich

giocare

грати

hraty

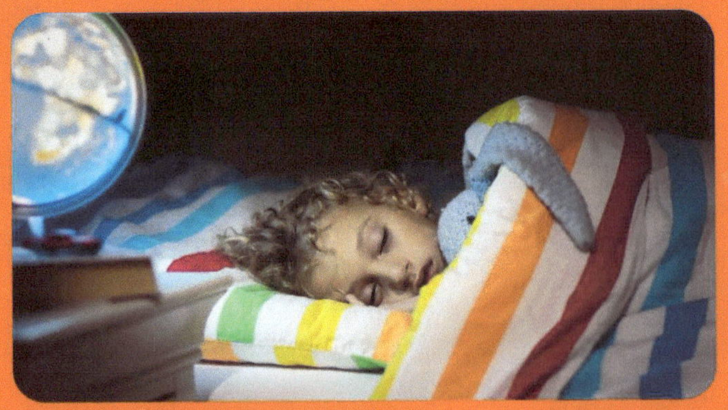

dormire

спати

spaty

soleggiato

сонячно

soniachno

nuvoloso

хмарно

khmarno

piovoso

дощовий

doshchovyi

tempestoso

бурхливий

burkhlyvyi

bianco

білий

bilyi

nero

чорний

chornyi

colori chiari

світлі кольори

svitli kolory

colori scuri

темні кольори

temni kolory

dolce

солодкий

solodkyi

aspro

кислий

kyslyi

salato

солоний

solonyi

amaro

гіркий

hirkyi

intero

ціле

tsile

metà

половина

polovyna

pieno

повний

povnyi

vuoto

пустий

pustyi

mangiare

їсти

isty

bere

пити

pyty

vicino

близько

blyzko

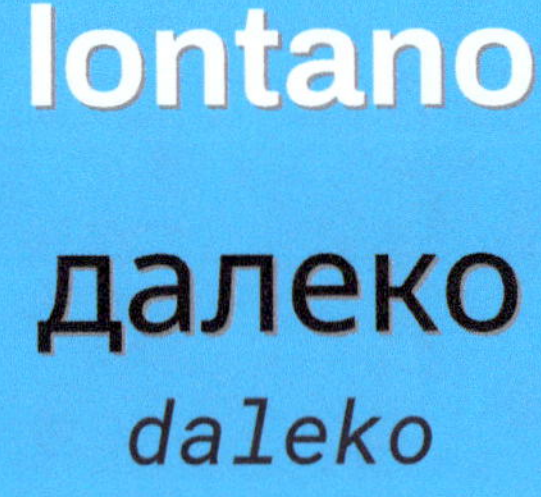

lontano

далеко

daleko

lì

там
tam

qui

тут
tut

alzarsi

встати

vstaty

sdraiarsi

лягти

liahty

sedersi

сідати

sidaty

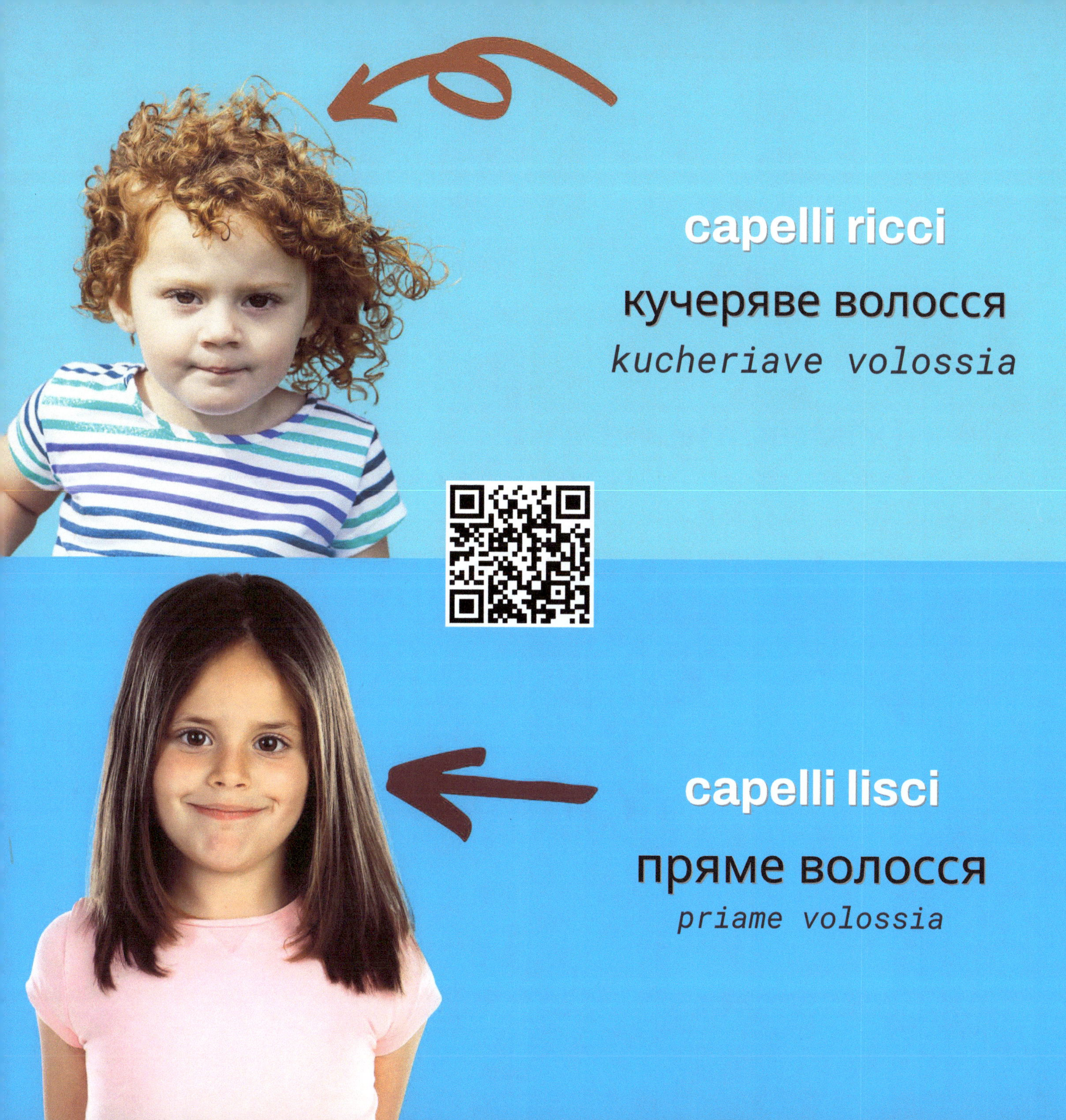

capelli ricci
кучеряве волосся
kucheriave volossia
capelli lisci
пряме волосся
priame volossia

fradicio

промоклий

promoklyi

bagnato

мокрий

mokryi

asciutto

сухий

sukhyi

davanti a

перед

pered

dietro

позаду

pozadu

tra

між

mizh

accanto

поряд з

poriad z

tetto

дах

dakh

pavimento

підлога

pidloha

pesante

важкий

vazhkyi

leggero

легкий

lehkyi

fragile

крихкий

krykhkyi

robusto

міцний

mitsnyi

debole

слабкий

slabkyi

forte

сильний

sylnyi

appuntito

гострий

hostryi

morbido

м'який

m'iakyi

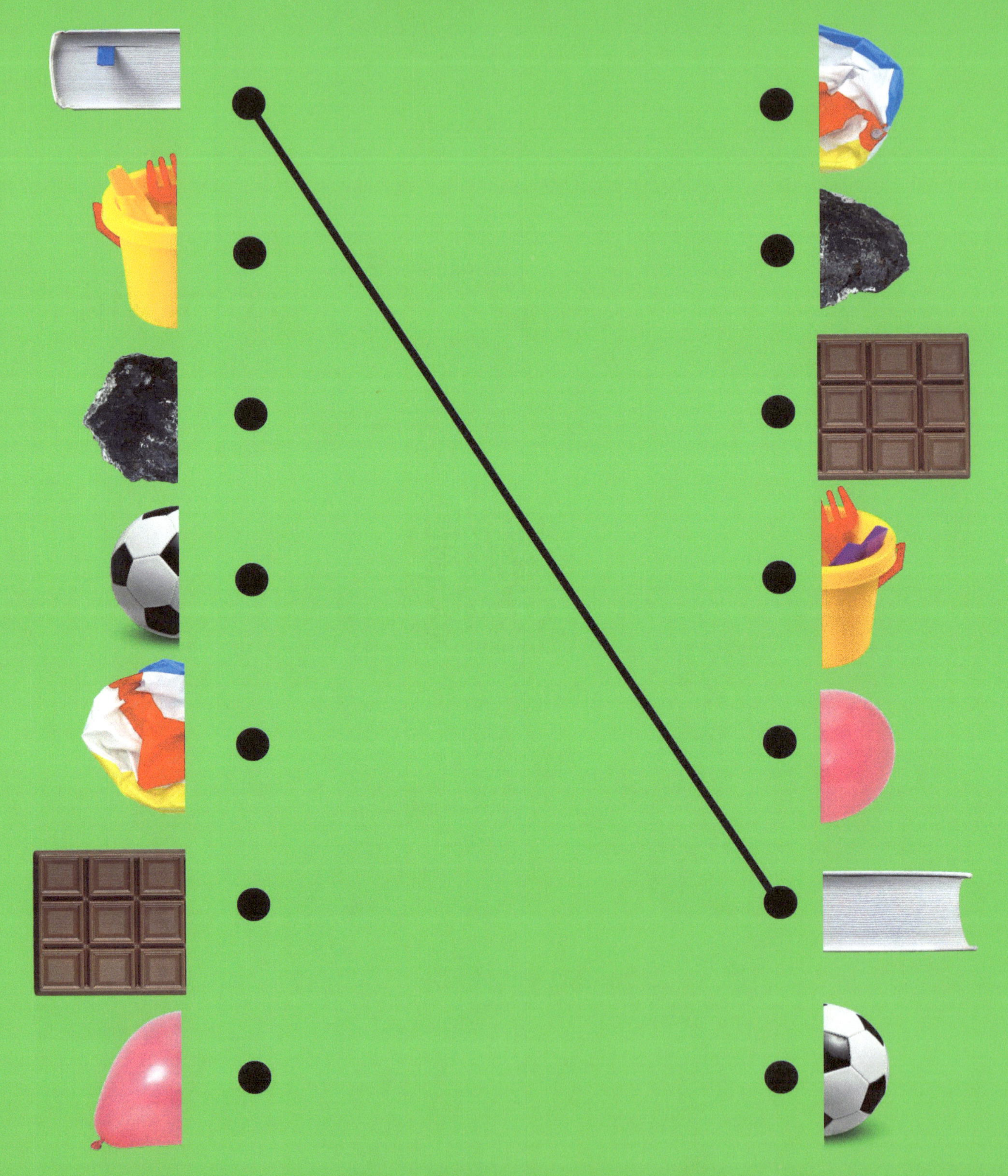